AF340199

UN MOT

AUX COLLÉGES ÉLECTORAUX,

SUR LA CONSTITUTION.

Par J.-A.-A. PERMESEL, Avocat de Lyon.

« Trouver une forme d'association qui défende et
» protège, de toute la force commune, la personne
» et les biens de chaque associé, et par laquelle
» chacun, s'unissant à tous, n'obéisse pourtant
» qu'à lui-même, et reste aussi libre qu'aupara-
» vant. »

J. J. Rousseau, Cont. soc. liv. 1.er

Se Vend { A PARIS, chez Belin-le-Prieur.
{ A LYON, chez Lions, Lib.re, rue St.-Dom.e

1811

Ayant satisfait au vœu de la loi, on poursuivra le contrefacteur.

UN MOT

AUX COLLÉGES ÉLECTORAUX,

SUR LA CONSTITUTION.

La Censure est supprimée!.. Déjà ces mots ont retenti d'un bout de la France à l'autre, et lui ont annoncé la liberté et le bonheur. Le Monarque nous permet de publier avec franchise nos opinions et nos pensées; quelle plus forte garantie pourrait-il nous donner de la noble ambition qui l'anime, celle d'assurer notre félicité? Le Prince qui aime la vérité, aime le peuple qu'il gouverne; et quand il nous la demande, NAPOLÉON me paraît s'élever au-dessus de toute sa gloire.

Mon dessein est d'exposer ici quelques idées sur la constitution dont nous avons besoin. Puisse ce faible essai, que dicte uniquement l'amour sacré de la patrie, animer des plumes éloquentes! Puissent des écrivains plus profonds, développant avec force le plan que je vais ébaucher, préparer des institutions qui rendent le trône inébranlable, et garantissent la prospérité de nos derniers neveux!

A peine le Héros, que l'univers contemple, venait-il de toucher le sol français, qu'il nous a fait entendre cette promesse, digne de sa magnanimité. « Les colléges élec-
» toraux seront réunis en *assemblée du Champ de Mai*,
» pour corriger et modifier nos constitutions, selon l'*intérêt*
» et la *volonté* de la nation ».

C'est donc l'intérêt et la volonté du *Grand Peuple*, que nos représentans devront interroger, dans l'auguste réunion où ils sont appelés. Et qu'on ne s'y méprenne pas : si l'on aspire à une Constitution qui puisse braver les siècles et faire échouer les entreprises du despotisme ou de l'imbécillité, il faut qu'elle ait, en effet, pour seule base, cet intérêt et cette volonté nationale, que toujours on froisse envain, parce que toute domination qui ne les respecte pas, étant tyrannique par sa nature, doit s'écrouler au moindre choc : vérité que l'on verra se réaliser dans tous les temps, et sur-tout chez les Français. Cette nation, par le contraste le plus bizarre, est à la fois invincible et facile à recevoir des chaînes ; mais elle porte le joug avec une extrême impatience, et dès qu'il devient trop pesant, elle le secoue avec fureur : le sentiment de sa dignité, étouffé un instant, renaît plus énergique ; et autant son apathie a paru profonde, autant son réveil est terrible.

Le moment est venu de fixer à jamais l'inconstance nationale ; mais la seule raison, et non la force, peut amener cette heureuse révolution. Que nos Députés portent donc, au *Champ de Mai*, un zèle sans bornes pour la vraie liberté, un généreux courage, une ferme résolution de s'oublier euxmêmes pour ne se rappeler que leur mission sacrée, le dévouement le plus absolu enfin pour la patrie qui va leur confier ses intérêts les plus chers, et déposer dans leurs mains toutes ses espérances.

Quelle crainte, au reste, pourrait comprimer l'élan de leurs cœurs ? Le Monarque, en les convoquant autour du trône, leur impose par cela même l'obligation rigoureuse de lui faire connaître avec sincérité les vœux et les besoins de la nation. Nul autre motif que celui de la rendre heureuse et libre, n'aurait pu l'engager à s'entourer de leurs lumières. Vainqueur de tous les Princes de l'Europe, il veut, au sein de la paix, remporter sur eux une victoire plus glorieuse encore, en proclamant les idées philantropiques et libérales qu'ils proscrivent avec acharnement ; il veut fouler aux pieds les maximes de la plupart des conquérans, qui, enivrés de leurs succès, ont la folie de croire que les hommes sont trop heureux d'obéir en esclaves à leurs plus ridicules fantaisies ; il nous presse lui-même d'aller défendre et revendiquer nos droits, afin que la Constitution qui nous régira désormais, soit l'ouvrage et l'expression de la volonté publique. Napoléon, au *Champ de Mai*, déposera tout l'appareil de sa puissance, et, n'en doutons pas un instant, il daignera, dans une abnégation généreuse des priviléges du trône, applaudir à toutes les institutions que les colléges électoraux jugeront utiles au bonheur de la France.

Dignes mandataires de vos concitoyens, accourez donc auprès du Prince, non pour lui prodiguer des louanges que sa grande ame dédaigne, non pour contribuer seulement à l'éclat des cérémonies qui nous sont annoncées; mais pour méditer la Charte immortelle, qui placera véritablement la France au-dessus des autres monarchies. Car, la force des armes, vous ne l'ignorez pas, rend un Etat moins formidable que la sagesse de ses lois. Les victoires étonnent, asservissent par fois les peuples; mais si le héros, qui conduisait les armées aux combats, leur est enlevé, si des malheurs imprévus affligent la nation victorieuse, alors la scène change, le prestige se dissipe, la terreur s'évanouit, et les vaincus osent insulter ceux dont ils ne pouvaient, la veille, soutenir les regards. Des lois sages, au contraire, assurent la paix intérieure, attachent le peuple au gouvernement, donnent à l'industrie un nouvel essor, favorisent la population, de telle sorte que l'empire, devenu redoutable, n'étant point porté à provoquer ses voisins, en est craint et respecté. Rome, que ses lois avoient rendue invincible, fut perdue quand elle eut subjugué le monde, et les causes de sa décadence se reproduiront chez tous les peuples conquérans.

Parmi nous, cinq codes, où la sagesse rivalise avec la science, ont fixé déjà les règles du droit privé; et sous ce rapport, il n'est peut-être aucun pays qui ait fait autant de progrès que nous. Cependant quelques lacunes, des dispositions équivoques font désirer aux jurisconsultes une révision générale de la législation; et ce nouveau bienfait, ils l'attendent d'un Prince qui semble destiné à épuiser tous les genres de gloire.

Mais quels que puissent être ses titres à l'admiration et à la reconnaissance des hommes, le plus béau, le plus durable, c'est la sublime pensée de donner à la France une nouvelle Constitution : et tel est l'important ouvrage auquel doivent coopérer les colléges électoraux, en consultant l'intérêt et la volonté de la patrie.

Or, cette volonté appelle une Charte qui attribue le *pouvoir législatif* à un corps représentant, la *puissance exécutrice* au monarque; et l'intérêt national exige que la même Charte, plaçant le chef de l'empire dans l'heureuse impuissance de se livrer à des actes arbitraires, lui confie néanmoins une autorité assez grande pour que la *puissance exécutrice* ne soit pas inutilement entravée. Ainsi, un gouvernement où le prince ne soit que

(6)

le *premier Citoyen* , (a) où, malgré son pouvoir, *en vertu de la loi*, sur le corps de la nation, il soit impuissant contre la liberté individuelle, où le peuple soit son propre législateur, et où l'on reconnaisse, en un mot, tous les caractères d'une monarchie *légale* : Voilà le gouvernement qu'il faut à la France, et ce gouvernement sera éternel.

Maintenant, comment établira-t-on la représentation nationale ?

Une *Chambre Haute* serait inconstitutionnelle et offenserait la Majesté du peuple. En effet, tous les Français doivent jouir de l'égalité civile, puisque la caste appelée *noble* est remise à sa place; et la loi, ne reconnaissant plus qu'un ordre de citoyens, ne saurait souffrir deux ordres de représentans.

Un sénat, tel que celui qui a si long-temps excité nos plaintes, serait inutile : car, aurait-il pour but de seconder le monarque ? C'est le devoir du Conseil et des Ministres. Serait-il le mandataire de la nation ? Un Corps représentant jouira de cette honorable prérogative; et pour ce qui est de *conserver nos Constitutions*, il gardera bien mieux ce précieux dépôt, son intérêt étant celui de la nation, que des Sénateurs, choisis, richement gagés par le Prince, et qu'une opulence rapide entraine trop loin du peuple.

Mais les sessions du corps représentant ne doivent pas être permanentes, et il peut arriver qu'après sa séparation, le bien public exige quelque mesure prompte, qui deviendrait inutile ou funeste par la moindre lenteur comme, par exemple, s'il s'agit d'une déclaration de guerre Ne conviendrait-il pas alors, pour obvier à des inconvéniens aussi graves, de prendre, chaque année, par la voie du sort, et dans le sein même des représentans, des citoyens qui remplaceraient l'assemblée nationale, jusqu'à la session suivante, et seulement pour les actes urgens qui seraient spécifiés dans la Charte ? Ce Corps, composé au moins de quatre-vingt membres, et que l'on pourrait nommer *Sénat Annuel*, conservant, pendant sa courte durée, l'esprit du Corps entier, offrirait une garantie suffisante des droits du peuple. Je n'ai pas besoin d'ajouter qu'à lui seul appartiendrait le choix de son chef, qui serait tenu de rendre compte, à la prochaine assemblée, de tout ce qui aurait été fait sous sa présidence.

____

(a) Paroles de S. M. dans sa réponse au Conseil d'Etat.

De cette manière, la représentation nationale serait toujours une, et ce n'est qu'ainsi qu'elle peut former le contre-poids parfait du trône : car, tant qu'elle se composera d'élémens hétérogènes, il sera facile au gouvernement de créer des partis, et de profiter de la scission.

Supposons donc que les députés de la nation soient seuls chargés de maintenir la liberté publique : en ce cas, il est de la dernière importance que leur éligibilité, leur nombre et leurs attributions soient la matière principale à discuter au *Champ de Mai*.

Eligibilité. — La Charte, *octroyée* par Louis XVIII, excluait de la Chambre des Communes quiconque ne payait pas au moins 1,000 fr. d'impôt foncier, et par la même raison, elle y aurait admis, dans la suite, bien des hommes qui se seraient étonnés, à bon droit, d'être législateurs. S'il est sage d'appeler les propriétaires à représenter la nation, pourquoi ne verrait-on pas siéger parmi eux des commerçans instruits, des défenseurs de la patrie, des jurisconsultes, et tous ceux, en un mot, qui, par leurs talens et leur courage, ont mérité d'y prendre place ? Pourquoi sur-tout limiter cet honneur aux citoyens les plus opulens ?

Celui qui n'est que propriétaire ne peut pas juger toujours sainement de ce qui est relatif à la guerre, au négoce, et aux autres branches de la législation : il sera donc aisément séduit par des orateurs habiles qui viendront à la tribune embellir de leur éloquence les plus funestes décrets ; et d'ailleurs, quel respect imprimera une loi émise par des législateurs tout-à-fait étrangers à son objet ?

D'un autre côté, les grands propriétaires ont souvent des intérêts opposés à ceux des particuliers moins riches ; par exemple, s'il est question d'autoriser ou de prohiber l'exportation des denrées.

Ainsi, sous différens points de vue, le mode d'élection, exclusivement fondé sur les grandes propriétés territoriales, était, dans la Constitution *donnée* par le Roi, un vice capital, qui ne doit plus reparaître.

Nombre. — Chez aucun peuple, la représentation nationale n'approche autant de la perfection qu'en Angleterre. Or, la population de cette Ile étonnante ne s'élève guère au-delà de 14 millions d'ames, et ses députés à la Chambre des Communes sont à-peu-près au nombre de 700. Il convient donc à la dignité, comme à la sûreté de la France, qui renferme près de 3o millions d'habitans, d'envoyer au moins mille représentans défendre ses droits auprès du trône.

J'ai dit que cela convenait à la sûreté de la France. En effet, comment empêcher autrement les entreprises des ministres? Si les Députés ne sont, comme jusqu'ici, qu'au nombre de 3oo, et qu'il suffise de la simple majorité pour qu'une loi puisse passer, n'est-il pas évident qu'à l'aide des places, des promesses d'avancement, des gratifications et autres moyens semblables, le Ministère pourra toujours s'assurer des votes dont il aura besoin, pendant toute une session, et même pour toutes les sessions suivantes? qu'importera, pour lors, que la nation soit représentée, ou qu'elle ne le soit pas?

Mais, si les Députés forment une masse imposante, si les trois quarts d'entr'eux doivent concourir *nécessairement* à toutes les délibérations; si, au lieu d'être élus pour cinq ans, ils ne le sont que pour deux, s'il ne leur est permis d'aspirer aux places lucratives dont le gouvernement dispose, qu'après un intervalle de plusieurs années, s'ils ne ne peuvent enfin être réélus qu'au bout de deux ans, n'est-il pas manifeste que la nation trouvera en eux des appuis réels, et que la corruption restera presque toujours impuissante?

Attributions. — Dès l'instant qu'il nous faut une monarchie essentiellement *légale*, et que l'Empereur ne doit être que le *premier citoyen* de l'Etat, son droit, par rapport à l'émission des lois, se réduit à les proposer par l'intermédiaire du Conseil d'Etat ou des Ministres, faculté que la nation partagera toujours avec lui, sauf le réglement de la forme dans laquelle ses Députés l'exerceront. En d'autres termes, l'Empereur n'ayant que l'*initiative* des lois, le Corps représentant pourra seul les sanctionner; et cette sanction, ou le rejet, sera prononcée, non au scrutin, mais après une discussion *publique:* car, la crainte, que pourrait avoir un opinant de déplaire aux Ministres, ne doit pas l'emporter sur l'intérêt national, qui ne saurait être solidement garanti que par la liberté et la publicité des votes.

Maintenant, — s'il n'est pas entré dans mon plan de détailler les matières des lois, il en est deux pourtant qui doivent, selon moi, fixer l'attention de tous les Français, et que je ne saurais passer sous silence.

1.º Le recrutement des armées, et les déclarations de guerre;

(9)

2.º L'instruction publique.

L'armée est la sauve-garde extérieure de l'Etat : son organisation intéresse dès-lors tous les citoyens. D'un autre côté, la guerre ne peut être entreprise que pour la gloire ou l'utilité de la patrie, et non pour remplir les vues personnelles du monarque. Voilà des vérités de raison et de droit public, dont la conséquence naturelle doit être que le recrutement des troupes et les déclarations de guerre ne peuvent avoir lieu qu'avec l'assentiment du peuple, sur qui en doivent réjaillir tous les résultats, bons ou mauvais. Il faut donc une loi pour lever des soldats, et il en faut une aussi pour entreprendre la guerre, excepté en cas d'urgence, comme on l'a vu plus haut : car, alors, le *Sénat annuel* doit pouvoir veiller sur la chose publique

L'éducation de la jeunesse a, dans tous les temps, mérité la sollicitude des bons gouvernemens, et l'histoire atteste que de grands Législateurs ont cultivé, avec un zèle particulier, cette intéressante branche de l'économie civile et politique. Ainsi, quand la nation française se régénère sous tant de rapports, efforçons-nous, en perfectionnant l'éducation publique, de former de jeunes citoyens qui deviennent l'espérance et l'orgueil de la patrie.

Ce but, si précieux ne sera pas, osons le dire, entièrement atteint par le mode d'instruction adopté de nos jours.

L'université impériale est une grande conception sans doute ; mais pourquoi les bienfaits, que l'on veut répandre sur les hommes se tourneraient-ils en oppression ? Voulez-vous que les lycées et les colléges publics soient fréquentés ? commencez par les rendre dignes de leur destination, et gardez-vous de forcer la confiance des parens. Lorsqu'un père sage et prudent, lorsqu'une tendre mère seront bien convaincus que, la solide instruction et la saine morale ne sauraient se trouver que dans ces établissemens, ils y conduiront avec joie leurs enfans, et vous les verrez se disputer les places.

Mais si l'on persiste à peupler les lycées, en arrachant la jeunesse aux instituteurs que l'amour paternel a librement choisis. (1) Toujours on obtiendra, de ce système,

______

(1) Cette mesure, d'ailleurs, prive de leur état des pères de famille qui ont blanchi dans l'aride carrière de l'enseignement ; puisqu'en les réduisant tous à montrer l'épellation, les officiers de l'université leur extorquent encore le vingtième de la pension des élèves dont ils sont chargés, c'est-à-dire, presque tout leur modique bénéfice ; sorte d'impôt, d'autant plus vexatoire pour les malheureux maîtres de pension, qu'il ne remplit point les vues pour lesquelles il a

des effets contraires à ceux qu'on attend , et l'on ne parviendra pas à dissiper la croyance générale où l'on est qu'il ne peut sortir des colléges publics que des guerriers farouches, et non des magistrats, des littérateurs, des commerçans , ou des artistes , qui tous contribuent aussi à la gloire nationale.

Approfondissez ces réflexions diverses , vous qu'appelle le *Champ de Mai* , et posez les bases d'une éducation qui rende vos fils dignes de vous.

La *puissance exécutrice* , comme je l'ai dit , réside dans les mains du Monarque , mais il peut être convenable que ses prérogatives s'étendent plus loin : ainsi , le plus doux des pouvoirs , celui de faire grace , le privilége le plus flatteur , celui de récompenser les services rendus à l'Etat , doivent être , pour le bien général, inséparables du sceptre.

En vertu *du droit de récompenser* , le prince peut accorder des titres nationaux , par exemple , ceux de *Duc* , de *Comte* , etc.

Il peut encore rendre ces titres *héréditaires* ; mais , dans l'intérêt public , il ne le doit pas , et telle est la dernière vérité que je veux démontrer.

Quels sont , en effet , les motifs de cette hérédité ? un publiciste profond a cherché à nous les faire connaître en ces termes :

« Le corps des nobles doit être héréditaire. Il l'est pre-
» mièrement par sa nature ; et d'ailleurs , il faut qu'il ait
» un très-grand intérêt à conserver ses prérogatives, odieuses
» par elles-mêmes , et qui , dans un état libre , doivent
» toujours être en danger. » Montesquieu , *Esprit des lois* ,
liv. II. *Chap.* 6.

De ces deux raisons , la première (malgré ma vénération pour cet illustre écrivain) me semble absolument fausse , et la seconde n'existe plus pour nous.

Il n'est point vrai , d'abord , que la noblesse soit *héréditaire* par sa nature. On s'abuserait , en effet, le plus étran-

---

été établi. *Voyez l'ordonnance royale du* 17 *février dernier.* Tout doit donc faire espérer , si comme l'ont assuré quelques journaux , la suspension provisoire de cette taxe *illégale* et *impolitique* , a été ordonnée par S. M. , que les colléges électoraux l'aboliront entièrement , et qu'ils présenteront dans tous les cas , à notre auguste Monarque , des remontrances énergiques sur le préjudice que cause *inutilement* , à une classe intéressante , l'injuste perception du droit de vingtième. Je dis *injuste :* car , les maîtres de pension payent des contributions comme les autres citoyens , et les autres citoyens conservent en entier le produit de leur talent et de leur industrie.

gement du monde, malgré les parchemins et les armoiries, si l'on prenait la noblesse pour autre chose que le courage, les sentimens élevés, l'amour de la patrie : à la vérité, les parchemins supposent nécessairement ces grandes qualités, et il faut bien croire que celui-là les possédait, qui, le premier de sa race, a été ennobli : mais y a-t-il rien de plus rare que de les voir suivre, de père en fils, le nom et la fortune ? Si l'histoire, écrite par des hommes payés et louangeurs, dépose parfois contre cette affligeante vérité, qu'on nous sache gré du moins de notre crédulité, puisque nous croyons sans avoir vu, et que nos yeux ont attendu vainement des prodiges pareils à ceux qu'on nous raconte.

La noblesse, dit-on ensuite, doit être héréditaire, parce qu'il faut qu'elle ait un grand intérêt à conserver ses prérogatives. Mais les titres nationaux que confère l'Empereur, ne sont accompagnés d'aucun privilége ; ils ne constituent réellement qu'une récompense honorifique et personnelle, qui ne saurait passer aux enfans sans la condition qui lui est inséparablement unie, c'est-à-dire, sans le mérite et la vertu. Gardons-nous d'en douter, il n'est aucun magistrat, il n'est aucun guerrier, décoré aujourd'hui d'un titre quelconque, qui ne souhaite avec passion que son fils soit digne un jour de lui succéder : pourquoi donc ce fils ne serait-il pas soumis aux glorieuses épreuves qu'a surmontées son père ? pourquoi, plongé dans l'indolence et les plaisirs, recueillerait-il la palme des grands hommes ?

Et ne s'aveugle-t-on pas volontairement, lorsqu'on avance que la noblesse *héréditaire* est utile à l'Etat ? Il me suffirait de répondre qu'elle détruit l'émulation. Mais à quelle époque de la monarchie, la valeur française a-t-elle opéré autant de merveilles que depuis vingt-cinq années ? Cependant, ces héros devant qui l'Europe s'est inclinée, ne tiennent leur gloire que d'eux-mêmes, aussi bien que la plupart des magistrats profonds qui ont perfectionné nos lois, et des administrateurs éclairés à qui la France doit sa splendeur ; et quel contraste frappant ils nous offrent avec ces rejetons obscurs des plus éclatantes maisons ! Ces derniers, nous les avons vus naguères, ivres d'un fol orgueil, ne se souvenir pourtant que des noms de leurs ancêtres.

Repoussons-donc, au milieu des foréts du nord, et chez leurs stupides habitans, ces préjugés honteux pour l'espèce humaine, qui présentent, comme pêtris d'un limon plus parfait, des hommes sans talens et indignes de leur sang. Que le mérite, véritable noblesse, soit seul couronné, et que cette couronne ne pare que le mérite.

Faut-il un corps intermédiaire, qui soit l'organe du peuple, et le canal des grâces du prince; qui tempère l'éclat du diadême afin que la multitude n'en soit point éblouie, et qui, en même temps, serve de rempart au monarque contre des projets criminels? Quelle réunion plus respectable que celle des dignitaires de l'Etat, des ministres, des membres du conseil, des généraux, des chefs de l'administration, des Cours souveraines! Voilà les nobles qu'entourera la considération publique, parce qu'ils seront utiles à la patrie et au Prince. Constamment occupés des plus graves intérêts, ils ne songeront pas même à rien entreprendre contre le trône, ni contre le peuple; les citoyens, protégés par le gouvernement entier, jouiront du fruit de leurs sueurs, et ils n'auront pas, dans l'avenir, la déchirante perspective de la tyrannie seigneuriale, qui serait, quoi qu'on en puisse dire, le résultat, éloigné peut-être, mais infaillible, de l'établissement d'une noblesse *héréditaire*.

Sans doute, je pourrais ajouter quelques réflexions sur les avantages immenses de la liberté de la presse, sur la tolérance que doivent obtenir tous les cultes, sur la nécessité de rassurer pleinement les Tribunaux contre la crainte des *démissions forcées*, lorsqu'une fois ils auront été organisés selon le besoin de la justice et les vœux du peuple, sur la responsabilité des ministres et des agens de la puissance publique; sur l'importance de supprimer le funeste droit de confiscation, etc. Mais à quoi bon m'appesantir sur des vérités senties par tous les cœurs Français, et que le Monarque lui-même s'empresse de proclamer?.

Bornant donc ici ma tâche, j'abandonne à la méditation de nos Députés, les idées que j'ai essayé de peindre, et je les abandonne avec confiance: car, si j'ai erré, mon but, du moins, était louable, et si j'ai réveillé quelques vérités, j'aurai servi ma patrie.

La Patrie! ô Français, que ce mot sacré nous rallie; étouffons tout égoisme, et ne respirons que pour elle. Le Héros du monde nous excite à la liberté, ne soyons pas sourds à sa voix paternelle: qu'une Constitution libérale, mais vraiment libérale, ouvrage de son amour et de notre patriotisme, affermisse à jamais le repos national, et ne souffrons pas que nos descendans aient la douleur d'accuser notre mémoire, si nous négligeons la noble conquête, qui nous est proposée, sur le pouvoir arbitraire; devenons libres enfin, comme on doit l'être avec de bonnes lois.

A LYON, De l'Imprimerie de BRUNET, rue Confort, N.° 21.

* 9 7 8 2 0 1 9 3 0 6 3 1 1 *